Jorge Gonzalvo   Cecilia Varela

Te regalo un cuento

Lóguez

Podía haber sido un paseo por el parque,
una canción a medio hacer
o un truco de magia
sin ensayar apenas.

Pero no podría ser de otro modo,
quería que fuera un cuento.
Un cuento para que puedas
hacerlo tuyo dibujándole una narizota.
Para que lo compartas
con tu vecina de escalera
o con tu gato.

Te regalo un cuento
para que puedas llevarlo contigo,
dobladito en el bolsillo
o entre las páginas de un libro
de aventuras de piratas.

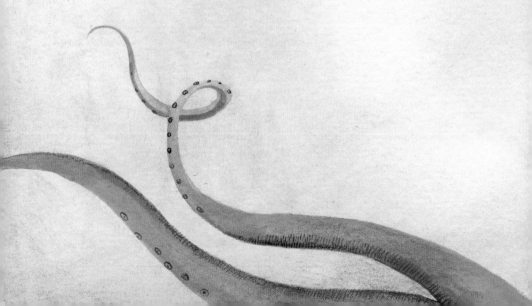

Para que lo entregues a quien más te apetezca.
Para que envuelvas con él una manzana
o para colgarlo en tu pared.

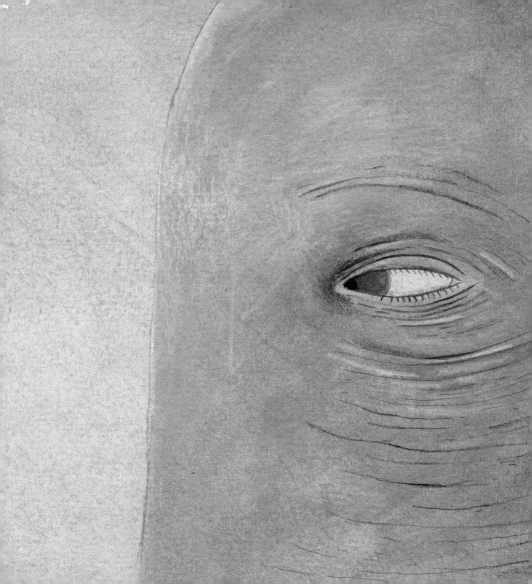

Te regalo un cuento improvisado,
de esos que empiezas a escribir
sin pensar y que no sabes
cuándo acaban.

Te dejo abierta la ventana
para que te cueles,
para que me espíes cuando caiga la noche.
Para que me veas sin que te vea.

Te regalo una idea.
El concepto más hermoso
de complicidad.

Te regalo un cuento
que habla de amistad y de sueños,
de noches de verano,
de mí mismo.

Te regalo el kit completo de cariño,
el maletín mágico
con el que jugabas de niña.

Te regalo un cuento indeterminado,
sin pies ni cabeza,
sin trama ni desenlace final,
sin argumentos
y sin actores de reparto.

Te regalo un deseo:
llenarte de unas ganas locas de reír
y de que salgas corriendo
en busca de una diadema bonita
para el pelo.

Que cierre mi puerta.
Y entonces, empieces a leer el mismo cuento
que estás leyendo ahora.
Y ojalá no podamos dejar de llamarnos
cada noche,
para contarnos el mismo cuento.
Toda una vida.

Un cuento para llevarte de viaje
y para leerlo a tus hijos
y a los míos, a tus nietos
y a mi abuela.
A las calles y a los parques.

Te regalo un cuento sin papel de colores,
ni un "espero que te guste".
Un cuento que habla de ti y de mí,
que pueda leerse cualquier día del año,
a cualquier hora, sea cual sea
tu estado de ánimo
o tu sabor favorito de helado.

Te regalo ESTE cuento.

Primera edición: Marzo de 2009
Segunda edición: Abril de 2010

© Texto e ilustraciones: Jorge Gonzalvo/Cecilia Varela
© Lóguez Ediciones
Ctra. de Madrid, 128. 37900 Santa Marta de Tormes (Salamanca)
Todos los derechos reservados
ISBN: 978-84-96646-38-4
Depósito Legal: S. 569-2010
Impreso en España-Printed in Spain
Gráficas Varona, S.A.

www.loguezediciones.es